P. Fla

Curso Bíblico para Niños

Apóstoles de la Palabra
- México, 2012 -
www.apostolesdelapalabra.org

Sugerencias para Catequistas

- *Es oportuno impartir este curso al empezar la preparación para la Primera Comunión. Después, al utilizar el catecismo, hay que buscar cada contenido en la Biblia.*
- *Acuérdense: la Biblia es el texto; el catecismo es un subsidio.*
- *Terminado el catecismo, hay que pasar al folleto «Soy Católico. Pertenezco a la Iglesia de Cristo».*
- *Para cada lección hay que asignar una cita bíblica que hay que aprender de memoria.*
- *Al empezar la preparación para la Primera Comunión, es oportuno hacer una ceremonia especial en que los papás, los padrinos o las madrinas entreguen la Biblia a sus hijos(as) o ahijados (as).*
- *Es necesario dedicar algún tiempo durante las clases para que los alumnos se aprendan las citas bíblicas de memoria o las repasen.*
- *Es oportuno organizar concursos para ver quiénes ocupan los tres primeros lugares a nivel de grupo, parroquia, decanato y diócesis.*
- *Aparte de aprenderse de memoria los textos bíblicos más importantes, hay que fomentar otras iniciativas para que la Biblia llegue a ocupar en la vida del católico el lugar que le corresponde:*
    + *Representar escenas bíblicas con ocasión de fiestas patronales o convivencias. Empezar por las que se encuentran en este folleto y pasar a los Evangelios.*
    + *Usar la Biblia en los encuentros de oración y durante la Santa Misa.*
    + *Organizar la «Fiesta de la Biblia» con una competencia de Carros Bíblicos.*
- *Este breve Curso Bíblico para Niños es sólo un inicio. Hay otro para la Confirmación y otros para los que quieren profundizar más la Biblia.*
- *La Biblia es uno de los más grandes tesoros con que cuenta la Iglesia. Por lo tanto, si durante la preparación presacramental logramos que nuestra gente se familiarice y se enamore de ella, todos nuestros sacrificios y desvelos quedan debidamente recompensados.*

Imprimatur: + José de Jesús Castillo Rentería, Obispo de Tuxtepec

ISBN: EAN 13 9789689429142

Introducción

Mi querido (a) amigo (a):

Te felicito porque tú estás entre los (as) más afortunados (as), puesto que tienes la oportunidad de conocer la Biblia desde pequeño (a).

¿Sabes qué contiene la Biblia? La Palabra de Dios. Es como una carta de amor que Dios te envía a ti personalmente, para que lo conozcas, lo ames y trates de establecer con Él un diálogo de Amor.

Así que... manos a la obra. Busca en la Biblia el Índice General. Como ves, la Biblia se divide en dos partes: el Antiguo Testamento y el Nuevo Testamento. El Antiguo Testamento presenta lo que sucedió antes de Cristo; el Nuevo Testamento presenta lo que sucedió desde Cristo para acá.

Lee: Génesis, Éxodo, Levítico, etc. Pues bien, se trata de libros. En realidad, la Biblia no es un libro, sino muchos libros.

Ahora busca el primer libro del Antiguo Testamento, el libro del Génesis. Fíjate en el número grande que se encuentra al principio; este señala el capítulo. Después verás otro número chiquito, que señala el versículo. Así que... toda la Biblia se divide en *libros,* cada libro en *capítulos* y cada capítulo en *versículos.*

Ahora lee: Génesis, capítulo 1, versículo 26. En forma abreviada se escribe así: Gén 1,26. Lee: Juan, capítulo 3, del versículo 16 al 18. En forma abreviada se escribe así: Jn 3,16-18. Sigue haciendo otros ejercicios.

Como ves, la Biblia no es tan complicada como piensa mucha gente. Adelante, pues, ya empezó la más grande aventura de tu vida. Enhorabuena.

Tu amigo de siempre

P. Flaviano Amatulli Valente, fmap
México, DF; a 23 de julio de 2001.

Capítulo 1

La Creación

Al principio, cuando no existía nada, Dios hizo el cielo y la tierra, es decir, todo lo que existe. ¿Cómo? Con el poder de su Palabra. No como el carpintero, que para hacer una silla necesita la madera, la sierra, los clavos y tantas cosas más. Dios habló y se hizo todo.

Lee: Gén 1,3.

Copia Gén 1,16: _____
_____
_____

• ¿En qué versículo se dice que Dios creó los *peces* del mar?
Gén 1, ____ .

• ¿En qué versículo se dice que Dios creó los *animales* del campo y los *reptiles* (serpientes)?
Gén 1, ____ .

Cuando todo estaba listo, Dios creó al hombre y a la mujer, a su imagen y semejanza, para reinar sobre la tierra.

Aprende de memoria:

«Dijo Dios: "Hagamos al hombre a nuestra imagen y semejanza"» (Gén 1,26).

Tarea para la casa:

1.- Todo lo que hizo Dios, ¿era bueno o malo? _____

2.- *Copia: Gén 1,31*: _____

3.- *Completa esta frase*:

Entre todo lo que existe, el ser humano ocupa el primer lugar, porque está hecho a imagen y semejanza de ____ (Gén 1,26).

4.- Entre todo lo que te rodea, apunta lo que más te gusta: _____

5.- Escribe una oración agradeciendo a Dios todo lo que te ha dado. Pide a tus papás que te ayuden. _____

Capítulo 2

La Desobediencia

Adán y Eva

En lugar de estar agradecidos a Dios por todo el bien que les hizo, los primeros hombres desobedecen a Dios, haciendo caso a la voz de la serpiente, que es el demonio.

Lee: Gén 3,1-7 y completa esta frase:

«La mujer comió el fruto y le dio también a su _____» (Gén 3, ___).

Por eso, el sufrimiento entra en la tierra:
Lee: Gén 3,17-19 y completa estas frases:
- «Comerás tu pan con el sudor de tu _____» (Gén 3, ___).
- «Eres polvo y al _____ volverás» (Gén 3, ___).

Caín y Abel

Por envidia Caín mató a su hermano Abel. La maldad entra en el mundo.

Lee: Gén 4,1-10 y contesta esta pregunta: «Caín, ¿se portó bien o mal?»
¿Por qué? _____

_____

_____

Diluvio

Se salva Noé con su familia.

*Lee: **Gén 6,5-8** y completa esta frase:*

«_____ se había ganado el cariño de Dios» (Gén 6,_).

Contesta a esta pregunta:
Los hombres ¿se portaron bien o mal?_____.

Torre de Babel

Otra vez la humanidad se hace grande y vuelve a pecar.

*Lee: **Gén 11,7-9** y completa estas frases:*

- «Yavé los dispersó sobre la superficie de la tierra y dejaron _____ la ciudad».

- «Por eso la llamó _____ porque allí Yavé confundió el lenguaje de todos los habitantes de la tierra».

Tarea para la casa:

1.- Eva quiere decir _____ (Cf. *Gén 3,20*).

2.- Aprende de memoria:

«Si obras bien, podrás levantar tu vista» (Gén 4,6).

3.- Copia: *Gén 3,15*: _____

4.- Jesús aplastó la cabeza de la serpiente (el demonio) que engañó a _____ (Gén 3,15).

5.- Escribe una oración, pidiendo perdón a Dios por todas tus desobediencias. Pide a tus papás que te ayuden._____
_____

Capítulo 3

Abraham
nuestro padre en la fe

El llamado

Pasaron millares de años hasta que Dios llamó a Abraham (1800 años antes de Cristo).

Lee: Gén 12,1-3 y completa estas frases:
1) Deja _____.
2) anda a la tierra _____.
3) haré de ti _____.
4) en ti serán benditas _____.

Abraham obedeció de inmediato y se puso en camino. Tenía 75 años de edad y no había podido tener hijos con su esposa Sara, que era estéril y ya avanzada de edad. ¿Cómo Dios iba a hacer de él una nación grande? De todos modos,

Abraham creyó a Yavé, que lo hizo amigo suyo (Gén 15,6)

(Aprenderse de memoria)

El sacrificio de Isaac

Abraham tuvo un hijo, Isaac. Un día Dios puso a prueba a Abraham, pidiéndole que le sacrificara a su hijo Isaac. Abraham obedeció. Sin embargo, cuando todo estaba listo, lo paró. Lo que Dios quería ver era su obediencia, no la muerte de Isaac.

Enseñanza para nosotros: no basta creer en Dios;

también hay que obedecer. Con Adán y Eva empezó el camino de la desobediencia; con Abraham empezó el camino de la obediencia.

El Pueblo de Israel

Isaac tuvo dos hijos: Esaú y Jacob, cuyo nombre Dios cambió en Israel (Gén 32,29). Israel tuvo doce hijos, que dieron origen a las doce grandes familias o tribus de Israel. Este periodo de la historia de Israel se llama edad de los Patriarcas, es decir de los padres o fundadores del Pueblo de Israel.

José en Egipto

Entre los hijos de Jacob o Israel, resalta José. Por ser el consentido de su papá, fue objeto de envidia de parte de sus hermanos (Gén 37,2-11), que lo vendieron a unos comerciantes (Gén 37,12-36).

Así fue a parar a Egipto y allá, después de muchas aventuras, llegó a ser virrey. Así pudo ayudar a su familia, que a causa de una grande hambre fue a parar también a Egipto.

Tarea para la casa:

1.- Para probar su fe, Dios ordenó a Abraham que sacrificara a su hijo_____.

2.- La esposa de Abraham se llamaba_____.

3.- Isaac tuvo dos hijos: _____ y _____.

4.- ¿Cuantos años antes de Cristo, Dios llamó a Abraham?
_____

5.- Lee la vida de José en Egipto y escribe algún comentario. Pide a tus papás que te ayuden. _____
_____
_____
_____
_____

Capítulo 4

Moisés,
el grande libertador

Salvado de las aguas

Durante 400 años el Pueblo de Israel vivió en Egipto contento y feliz, hasta que llegó un rey malo que por envidia lo quiso acabar poniéndolo a trabajar como esclavo. Ordenó que tiraran al Río Nilo a todos los niños recién nacidos, para que se ahogaran. Se salvó Moisés, por la intervención de una princesa.

Lee: Ex 2,1-10 y completa estas frases:
- La mamá tuvo escondido a Moisés, antes de meterlo en el Río Nilo durante _____ _____.
- La princesa que salvó a Moisés, era hija de_____.

La Zarza ardiendo

Cuando Moisés se hizo grande, se puso en favor de su pueblo. En una ocasión, para defender a uno de su raza, tuvo que matar a un egipcio. Al llegar la noticia a Faraón (rey), tuvo que huir lejos (Ex 2,11-15), al desierto. Allá se casó.

Un día, mientras apacentaba el rebaño de su suegro, vio una zarza que ardía sin consumirse. Se acercó y oyó la voz de Dios, que le ordenaba regresar a Egipto para salvar a su pueblo.

Lee: Ex 3,1-10 y completa estas frases:
- Sácate las sandalias, porque el lugar que pisas es _____.
- Yo te envío a Faraón, para que saques de_____ a mi pueblo.

Paso del Mar Rojo

Al principio el Faraón no quiso hacer caso a Moisés. Por eso Dios lo castigó mandándole 10 plagas (Exodo, del capítulo 7 al 11). Cuando Dios mató a todos los primogénitos de Egipto, entonces Faraón dejó libre al Pueblo de Israel.

Después se arrepintió y mandó a los soldados para que los hicieran regresar a Egipto. Pero no pudieron alcanzarlos. Se abrieron las aguas del Mar Rojo para que pasaran los Israelitas. Cuando llegaron los soldados de Faraón, se cerraron otra vez, ahogándolos. *Lee: Ex 15,1-2.*

Los Diez Mandamientos

Llegados al Monte Sinaí, Dios hizo una Alianza con el Pueblo de Israel. Dios será como un padre y el pueblo como un hijo. Dios protegerá a su pueblo y el pueblo obedecerá a Dios, guardando los Diez Mandamientos (Ex 20,1-17).

Estamos en el año 1250 antes de Cristo.

Tarea para la casa:

1.- *Aprende de memoria:* **«Yo soy Yavé tu Dios, el que te sacó de Egipto, país de la esclavitud. No tendrás otros dioses fuera de mí» (Ex 20,2-3).**

2.- Apunta las diez plagas que Dios mandó a los egipcios.
_____

3.- ¿Cuántos dioses hay?_____

4.- ¿Cuál fue el castigo o la plaga más grande que Dios mandó a los egipcios?_____

5.- Haz una oración diciendo a Dios que quieres obedecer a Él. _____

Capítulo 5

Los Reyes
guían al Pueblo de Israel en nombre de Dios

Desierto y Conquista

Durante 40 años el Pueblo de Israel Vivió en el desierto. Por fin, bajo la guía de Josué, logró conquistar la tierra de Canaán.
Lee: Jos 1,1-7.

Cada tribu era gobernada por sus ancianos. Después de 200 años, el pueblo pidió un rey y Dios le dio a Saúl. Pero este fue infiel a Dios (1 Sam 13, 5-14;15).

Entonces Dios escogió a David, un pastor de Belén. Estamos alrededor del año 1010 a. C.

Lee: 1Sam 16,1-13 *y completa esta frase*:
El hombre mira las apariencias pero Yavé mira el _____.

David, *pecador* **y** *santo*

David fue el rey más grande del pueblo de Israel: muy valiente y al mismo tiempo muy apegado a Dios. Escribió la mayoría de los salmos.

Sin embargo, también el rey David cayó en el pecado. Se enamoró de Betsabé y, para quedarse con ella, mandó a matar a su esposo Urías.

Al ser reprochado por el profeta Natán, se arrepintió y pidió perdón a Dios.

Lee: Sal 51 *y copia el versículo que más te gusta*:_____
_____
_____

Salomón, *constructor del templo de Jerusalén*

Al rey David le sucedió en el trono su hijo Salomón, muy famoso por su sabiduría. Este construyó el templo de Jerusalén. Muy importante la oración que hizo con ocasión de su consagración.

Lee: 2 Cro 6,18-21 *y copia el versículo que más te gusta*:_____
_____

División del Reino

También el rey Salomón, no obstante su sabiduría, cayó en el pecado, casándose con mujeres paganas, que extraviaron su corazón (1 Re 11,1-13).

Consecuencia: a su muerte, el reino se divide en dos (1 Re 12,1-24). Samaría quedó como capital del Reino de Israel (Norte) y Jerusalén como capital del Reino de Judá (Sur). Estamos en el año 931 a. C.

Tarea para la casa:

1.- *Aprende de memoria*:

«Lávame y quedaré más blanco que la nieve» (Sal 51,9).

2.- Copia la frase que más te gusta, leyendo Jos 1, 1-7:_____
_____
3.- ¿Cómo se llamaba el esposo de Betsabé?_____
4.- ¿Cómo se llamaba el profeta que reprendió al rey David, después que cometió los pecados de adulterio y asesinato?
_____
5.- Después de haber leído la oración que hizo el rey Salomón (2 Cro 6,18-21), trata de escribir tú una parecida, con la ayuda de tus papás._____
_____
_____
_____
_____
_____

Capítulo 6

Los Profetas
hablan al Pueblo de Israel en nombre de Dios

Denuncia del pecado y anuncio de la salvación

Para educar en la fe al Pueblo de Israel, Dios envió a los profetas. Profeta es uno que habla en nombre de Dios.

Los profetas tenían la misión de *denunciar el pecado*, es decir las cosas malas que hacía el pueblo, y *anunciar la salvación*, es decir el perdón de Dios para los que se arrepienten y hacen el bien. *Lee: Is 1,2-4; Is 1,16-18.*

Muchas veces el pueblo se enojaba contra los profetas por los regaños que recibía. En algunos casos llegó hasta matar a los profetas.

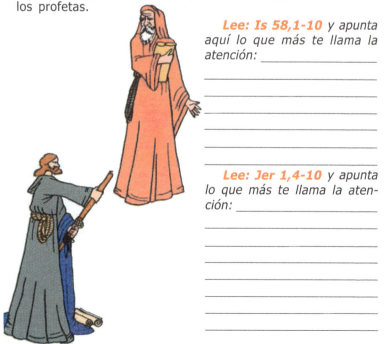

Lee: Is 58,1-10 y apunta aquí lo que más te llama la atención: _____
_____
_____
_____
_____
_____

Lee: Jer 1,4-10 y apunta lo que más te llama la atención: _____
_____
_____
_____
_____
_____
_____

Lee: Am 5,10-24 y apunta lo que más te llama la atención: _____
_____
_____
_____
_____
_____
_____
_____
_____

Lee: Os 14,2-9 y apunta lo que más te llama la atención: _____
_____
_____
_____
_____
_____
_____
_____
_____

Tarea para la casa:

1.- Completa la tarea anterior.
2.- Con la ayuda de tus papás, apunta por lo menos 5 pecados, que los profetas reprochaban al Pueblo de Israel: _____
_____
_____
_____
_____
_____
_____

3.- *Aprende de memoria*:

«Vuelve, Israel, junto a Yavé, tu Dios,

pues tus faltas te hicieron tropezar» (Os 14,2).

Capítulo 7

Dios castiga a su pueblo
y el pueblo se arrepiente

Derrota

Puesto que el pueblo de Dios no obedece, Dios cumple con sus amenazas y castiga al Pueblo de Israel. El año 722 a. C. el Reino de Israel (Norte) es conquistado por Asiria y desaparece para siempre de la historia.

El año 587 a. C. el Reino de Judá (Sur) es destruido por los babilonios. La ciudad de Jerusalén y el Templo son quemados y la gente más importante es llevada a Babilonia.

Arrepentimiento

Lee: Lam 1 y apunta aquí lo que más te llama la atención: _____
_____
_____
_____
_____
_____
_____
_____

Lee: Dn 9,4-19 y apunta aquí lo que más te llama la atención: _____
_____
_____
_____
_____
_____
_____
_____

Dios perdona

El año 538 a. C. Ciro, rey de Persia, después de haber conquistado Babilonia, concedió la libertad a los israelitas para que regresaran a su tierra. **Lee: Es 1,1-4** y completa esta frase:

- Ciro ordenó que ayudaran a construir la casa de Yavé, que estaba en _____

_____

Los israelitas que quedaron fieles a Dios, poco a poco fueron regresando a su tierra

Restauración del Templo y renovación de la alianza

Bajo la guía de Esdras y Nehemías, el pueblo de Israel restauró el Templo y las murallas de Jerusalén, y renovó la alianza:

Lee: Ne 8,1-12 y apunta aquí lo que más te llama la atención: _____

_____

_____

Tarea para la casa:

1.- ¿En qué año desapareció el Reino de Israel? _____ .
2.- Completa estas frases «El año ____ el Reino de Judá fue destruido por los _____ .»

El Pueblo de Israel fue castigado por Dios a causa de sus ____ _____ .

«Señor, escucha; Señor, perdona; Señor, atiende» (Dn 9,19).

4.- Antes de terminar este Curso Bíblico, tienes que aprenderte de memoria el *Salmo 23*. Empieza pronto a cumplir con esta tarea.

Capítulo 8

En espera del Libertador

Nacionalismo judío

Con el regreso de Babilonia, no renació el reino de Judá. El territorio correspondiente al antiguo Reino de Judá quedó como una provincia, bajo el mando de un gobernador, que dependía del rey de Babilonia. Frente a esta situación, muchos le pedían a Dios que mandara un libertador, que restableciera el Reino de Judá.

Los Pobres de Yahvé

Otros preferían confiar en Dios y nada más, seguros de que Dios haría lo mejor para su pueblo.

Lee: Sof 3,12-13.

Los sabios de Israel

Desde el regreso de Babilonia (año 445 a. C.) florecen los sabios de Israel. Se trata de hombres, piadosos y prudentes, que aplican la Ley de Dios a las diferentes circunstancias de la vida.

Busca en la Biblia el libro de los Proverbios. Lee algunos versículos tomados al azar y apunta aquí el que más te guste: _____
_____
_____
_____
_____
_____ (Prov___ , ___).

Cada alumno lea en público el versículo que copió.

Los Macabeos

La provincia de Judea (antiguo Reino de Judá) iba cambiando de dueño según los acuerdos que tomaban los grandes reyes de la tierra. El año 197 a. C. pasó a las manos de los Antíocos de Siria. Ellos querían imponer a los judíos la cultura griega, que era pagana.

Los Judíos se rebelaron guiados por la familia de los Macabeos. La guerra duró desde el año 170 hasta el año 130 a. C., cuando los judíos lograron independizarse, con el apoyo de Roma. Así resurgió el Reino de Judá.

Lee: 2 Mac 7 y copia un versículo: _____
_____
_____ **(2 Mac 7,).**

Roma

El año 63 a. C. Pompeyo, general romano, ocupó Jerusalén, acabando con el Reino de Judá. Entonces, en el pueblo de Israel volvió a surgir el deseo de una pronta intervención de Dios para liberar a su pueblo del dominio romano.

Tarea para la casa:

1.- Copia un versículo de cada uno de estos libros sapienciales:
- Eclesiastés (Qohelet): _____
_____
- Cantar de los Cantares: _____
_____
- Eclesiástico (Sirácides): _____
_____

2.- *Aprende de memoria*:
«Acuérdate de tu Creador en los días de tu juventud» (Ec 12,1).

Capítulo 9

Jesús
El Salvador del Mundo

Anunciación

Cuando llegó la hora establecida por Dios, el ángel Gabriel se presentó a María para darle la alegre noticia: será la madre del Salvador. *Lee: Lc 1,26-38 y completa estas frases*:

- Jesús era descendiente del rey _____.
- Fue concebido por obra del _____.
- Dijo María: "Yo soy la_____ del Señor; hágase en mi tal como has dicho" (Lc 1,38).

Visitación

Habiendo sabido por el ángel Gabriel que su prima Isabel estaba esperando un hijo, pronto María se puso en camino para visitarla y prestarle toda la ayuda necesaria.

Lee: Lc 1,39-45 y contesta estas preguntas:
- ¿Cómo se llamaba el esposo de Santa Isabel?_____.
- Al recibir la visita de María, Santa Isabel quedó llena del _____.

- «Bendita tú eres entre las mujeres y bendito el fruto de tu vientre», dijo Santa Isabel a María. ¿Cuál fruto del vientre de María?_____

Nacimiento de Jesús

Jesús nació en un portal de Belén.
Lee: Lc 2,1-18 y completa estas frases:
- El emperador que ordenó el censo, se llamaba:_____

- El pueblo donde nació Jesús se llamaba_____.
- Belén era el pueblo donde antiguamente había nacido el rey_____, antepasado de Jesús.
- Los primeros que fueron a visitar a Jesús, fueron los _____.

Presentación de Jesús en el Templo

Según la Ley de Moisés, el primer hijo que nacía, tenía que ser ofrecido a Dios y rescatado mediante el ofrecimiento de dos tórtolas o pichones. Así se recordaba lo que pasó cuando el pueblo de Israel estaba en Egipto: murieron todos los primogénitos de Egipto, mientras quedaron a salvo los primogénitos de Israel.

Lee: Lc 2,22-40 y haz la siguiente tarea:

- *Copia: Lc 2,29*:_____ _____.

- ¿Quién dijo las palabras que acabas de escribir?_____
- ¿Cómo se llamaba la profetisa, que llegó cuando terminó de hablar el anciano Simeón?_____.

Jesús en el Templo con los doctores de la Ley

Lee: Lc 2,41-52 y completa estas frases:

- Cuando Jesús se quedó en el templo con los doctores, tenía_____años.
- Después, Jesús regresó a_____, donde vivió, obedeciendo a_____, y a_____.

Tarea para la casa:

Escribe una carta a Jesús recién nacido para decirle lo que sientes en tu corazón. _____

CAPÍTULO *10*

Vida pública de Jesús

Tarea anterior: *Cada niño lee su carta y la quema en un traste delante de una estatuita, que represente al Niño Dios.*

Juan el Bautista, el Precursor

Para aceptar a Cristo, es necesario un cambio de vida. Es lo que busca Juan el Bautista.

Lee: Mt 3,1-12 y completa estas frases:

- Juan el Bautista comía _____ _____.
- Juan, bautizó con _____ y Jesús en el _____.
- El bautismo de Juan era una señal de _____.

Jesús recibe el bautismo

Lee: Mt 3,13-17 y completa estas frases:

- Juan no quería bautizar a Jesús, porque no tenía ningún _____.
- Jesús se bautizó como representante de todos nosotros que somos _____.
- El Espíritu Santo bajó sobre Jesús en forma de _____
- La voz del cielo decía: «Este es mi Hijo_____».

Jesús presenta su programa

Lee: Mt 5,1-12 *y haz esta tarea*:

- Según Jesús, ¿Quiénes son felices: los ricos, los poderosos y los que buscan cualquier medio para gozar?
- Según Jesús, son felices,

Los _____ , (Mt 5,3)
Los _____ , (Mt 5,4)
Los _____ , (Mt 5,5)
Los _____ , (Mt 5,6)
Los _____ , (Mt 5,7)   Los _____ , (Mt 5,8)
Los _____ , (Mt 5,9)
Los _____ . (Mt 5,10)

Aprende de memoria:

"Felices ustedes, cuando por causa mía los insulten, los persigan y les levanten toda clase de calumnias. Alégrense y muéstrense contentos, porque será grande la recompensa que recibirán en el cielo" (Mt 5,11-12).

Tarea para la casa:

1.- Cuando uno hace el bien, ¿lo tiene que decir a todos? _____ (Mt 6, 1-4).
2.- Dios perdona nuestras ofensas, cuando nosotros perdonamos a los que nos _____ (Mt 6, 12-15).
3.- ¿Cuáles son los tesoros verdaderos: los de la tierra o los del cielo? _____ (Mt 6,19-21).
4.- ¿Se puede servir al mismo tiempo a Dios y al dinero? _____ (Mt 6,24).
5.- Comenta toda esta enseñanza de Jesús, con la ayuda de tus papás: _____
_____
_____
_____
_____

Capítulo 11

La Iglesia
El Nuevo Pueblo de Dios

Para que la salvación llegara a todo el mundo, Jesús fundó su Iglesia, que es el Nuevo Pueblo de Dios (Mt 16,18), en lugar del Antiguo Pueblo de Dios, el Pueblo de Israel.

Los Doce Apóstoles
Entre todos sus discípulos, Jesús escogió a Doce, los preparó y los envió como sus representantes, con los siguientes poderes:
- Anunciar el Evangelio (Mc 16,15).
- Celebrar el Culto (Lc 22,19-20) y
- Guiar al Nuevo Pueblo de Dios (Mt 18,18).

Lee: Mc 3,13-19 y apunta los nombres de los doce apóstoles:
_____
_____

Pedro
Entre todos los Doce apóstoles, Pedro es el más importante.
- Es como una *piedra*, que está a la base de la Iglesia (Jn 1,42),
- cuenta con toda la *autoridad* de Jesús (Mt 16,19),
- es el *pastor supremo* (Jn 21,15-17) y
- está encargado de *fortalecer la fe* de todos (Lc 22,31-32).

Tarea
1.- Puesto que Jesús fundó una sola Iglesia, bajo la guía de Pedro, ¿es bueno que ahora haya muchos grupos de cristia-

nos, separados entre ellos y que no obedecen al sucesor de Pedro, el Papa?_____.

2.- Escribe el nombre de los principales grupos no católicos presentes en tu pueblo o barrio:_____.

El Bautismo

Para entrar a formar parte del pueblo de Israel, se necesitaba la circuncisión, que se hacía a los niños a los ocho días de haber nacido. El mismo Jesús fue circuncidado a los ocho días de haber nacido (Lc 2,21). Para formar parte de la Iglesia de Cristo, se necesita el bautismo (Mt 28,19).

Es el inicio de la vida cristiana.

La Palabra de Dios

Para poder ser un verdadero discípulo de Cristo, se necesita escuchar la Palabra de Dios y ponerla en práctica.

Lee: Mt 7,21-29, Mt 13,1-9 y Mt 13, 18-23, y completa estas frases:
- El hombre sabio y prudente edificó su casa sobre____.
- La semilla es la_____.

Tarea para la casa:

1.- Hoy en día ¿quien está en el lugar de Pedro?_____
2.- ¿Quienes están en el lugar de los apóstoles?_____
3.- ¿Cómo se llama tu párroco?_____
4.- ¿Cómo se llama tu obispo?_____
5.- ¿Cómo se llama el Papa?_____
6.- ¿Cómo se llama tu catequista?_____
7.- ¿Te gusta la Palabra de Dios?__ ¿Por qué?_____
8.- Aprende de memoria:

"No todo el que diga: ¡Señor!, ¡Señor!, entrará en el Reino de los cielos; sino el que haga la voluntad de mi Padre, que está en los cielos" (Mt 7,21).

Capítulo 12

Muerte y Resurrección
de Jesús

Como un nuevo Moisés, Jesús realizó la Nueva Alianza entre Dios y el Nuevo Pueblo de Dios, que es la Iglesia.

Pasión y Muerte

Sufriendo y muriendo en la Cruz, Jesús pagó por nuestros pecados y con su sangre selló la Nueva Alianza (Lc 22,20).

Lee: Mc 14,43-15,47 y completa estas frases:
- _____ traicionó a Jesús (Mc 14,___).
- Pedro negó a Jesús __ veces (Mc 14,___).
- El gobernador romano, que condenó a Jesús se llamaba _____ (Mc 15,___).
- Sobre la cabeza de Jesús pusieron una corona de_____ (Mc 15,___).
- Jesús fue crucificado en el lugar llamado_____(Mc 15, __).
- Desde el mediodía hasta las____de la tarde hubo una grande oscuridad (Mc 15,___).
- El sepulcro donde pusieron a Jesús era de José de_____ (Mc 15,___).

Resurrección

Al tercer día después de haber muerto, Jesús resucitó glorioso. Muriendo, destruyó nuestros pecados y resucitando nos dio una vida nueva, la vida de los hijos de Dios.

Lee: Mc 16,1-8 y completa estas frases:

- María Magdalena, María, madre de Santiago, y Salomé compraron aromas para_____(Mc 16,__).
- Las mujeres encontraron el sepulcro vacío porque Jesús había _____ (Mc 16,__).

Ascensión de Jesús al cielo

Después de 40 días, Jesús subió al cielo con su Padre. Misión cumplida.

Lee: Hech 1,3-11 y completa estas frases:
- Ustedes serán bautizados__ _____(Hech 1,__).
- Recibirán el Espíritu Santo y serán mis_____ _____(Hech 1,__).

Tarea para la casa:

1.- Llena todo este espacio que queda, copiando lo que más te gusta acerca de la pasión, muerte, resurrección y ascensión al cielo de Jesús. Para cada partecita que copias, señala el libro, el capítulo y los versículos:_____
_____
_____
_____
_____
_____
_____
_____
_____
_____

2.- *Aprende de memoria*:

"No hay amor más grande que dar la vida por los amigos" (Jn 15,13).

3.- Escribe una carta a Jesús crucificado, expresando lo que sientes en tu corazón._____
_____
_____
_____
_____

Capítulo 13

La Iglesia en marcha

Tarea anterior: *Al empezar la clase, cada niño lee su carta delante de un crucifijo y la quema en un traste. Que todo se haga en un clima de recogimiento y oración.*

Pentecostés

María, la madre de Jesús, los apóstoles y los primeros discípulos (un total de unas 120 personas), siguiendo las instrucciones de Jesús, se reunieron en oración en el cenáculo, es decir, en el lugar en el cual Jesús había celebrado la Última Cena.

Diez días después de su ascensión al cielo y cincuenta después de su resurrección (Pentecostés = cincuenta días), Jesús envió el Espíritu Santo sobre María, los apóstoles y sus discípulos.

Lee: Hech 2,1-13 *y completa estas frases*:

• El Espíritu Santo bajó en forma de lenguas de _____ (Hech 2,___).
• Algunos se reían y decían: "¡Están _____!" (Hech 2,___).

Primera Comunidad Cristiana

Pronto los apóstoles empezaron a predicar el Evangelio. El día de Pentecostés se convirtieron 3000 personas, provenientes de muchas naciones del mundo.

Su vida cambió completamente.

Lee: Hech 2,42-47 *y completa estas frases*:

- "Acudían asiduamente
1) a la_____ 2) a la _____
3) a la_____ 4) y a las _____" (Hech 2,__).
- "Todos los que habían creído, vivían _____" (Hech 2,__).

Persecuciones

Los enemigos de Cristo no quedaron satisfechos. Pronto empezaron a perseguir a sus discípulos. Al primero que mataron fue a San Esteban.

Lee: Hech 6,8-15 y completa esta frase:

"**El rostro de Esteban parecía como el de un _____**"
(Hech 6,_____)

Lee: Hech 7,51-60 y completa esta frase:

"**Mientras lo apedreaban, Esteban oraba así: "Señor Jesús, _____
_____**" (Hech 7,__).

Las misiones

No obstante todas las dificultades, la Iglesia no paró en su afán de predicar el Evangelio a todas las naciones. Hasta la fecha los misioneros siguen predicando a Cristo en todo el mundo.

Aprende de memoria: **"Vayan por todo el mundo y prediquen mi Evangelio a todas las creaturas" (Mc 16,15).**

Tarea para la casa:

1.- Los primeros cristianos ¿vivían cada quien por su cuenta o vivían unidos en comunidad?_____.

2.- En tu país, ¿hubo alguna persecución contra la Iglesia?_____ ¿Cuando?__ _____. Pregunta a tus papás.

3.- En tu patria, ¿hay misioneros?_____.
¿Cómo se llaman?_____.

Capítulo 14

El Regreso de Cristo

Fin del mundo

Este mundo que vemos, no va a durar para siempre. Llegará el día en que se va acabar. ¿Cuando? Nadie lo sabe. **Lee: Mt 24,36** y completa esta frase:

Nadie sabe cuando llegará el fin del mundo, ni los ángeles, ni Jesús, sino solamente el_____.

Resurrección de los muertos

Cuando llegue el fin del mundo, los muertos van a resucitar con un cuerpo diferente.

Lee: 1 Cor 15,42-44 y completa estas frases:

• Se siembra un cuerpo en descomposición y resucita uno_____.

• Se siembra un cuerpo impotente y resucita uno_____ _____.

Juicio universal

Una vez que todos hayan resucitado, habrá el juicio. Los buenos irán a la vida eterna y los malos al sufrimiento eterno. **Lee: Mt 25,31-46** y completa estas frases:

• Tuve hambre y me dieron de _____ (Mt 25,__).
• Tuve sed y me dieron de___ _____ (Mt 25,__).
• Fui forastero y me_____ _____ (Mt 25,__).
• Estuve desnudo y me_____ _____ (Mt 25,__).
• Estuve enfermo y me_____ _____(Mt 25,__).
• Estuve preso y me_____ _____(Mt 25,__).

Tenemos que estar preparados

Algún día Cristo ha de volver. ¿Cuándo? Para cada uno de nosotros será el día de nuestra muerte y para todo el mundo será el día del juicio final. Así que tenemos que estar siempre preparados. En realidad, en cualquier momento el Señor nos puede llamar a cuentas.

Lee: Mt 24,42-51 y completa estas frases:

• **Afortunado el servidor si, al venir su patrón, lo encuentra** _____

• **De otra manera lo enviará donde hay llanto y** _____ (Mt 24, ___).

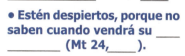

• **Estén despiertos, porque no saben cuando vendrá su** ___ _____ (Mt 24, ___).

• **El servidor malo piensa:** ___ _____ **y empieza a** _____ (Mt 24, ___).

Tarea para la casa:

1.- Este mundo que vemos, ¿durará para siempre o se acabará? _____

2.- Hay dos juicios: uno *particular* para cada uno, al momento de morir, y otro *para todos*, al final del mundo, que se llama _____

3.- Nadie sabe cuando será el fin del mundo; solamente lo sabe el _____

4.- ¿Te gustó este curso bíblico? _____ ¿Por qué? _____
_____
_____
_____
_____
_____

5.- *Aprende de memoria:*

Afortunado el servidor que, al venir su señor, lo encuentre cumpliendo su deber (Mt 24,46).

Índice General

SUGERENCIAS PARA CATEQUISTAS 2

INTRODUCCIÓN 3

Capítulo 1
LA CREACIÓN 4

Capítulo 2
LA DESOBEDIENCIA 6

Capítulo 3
ABRAHAM 8

Capítulo 4
MOISÉS 10

Capítulo 5
LOS REYES 12

Capítulo 6
LOS PROFETAS 14

Capítulo 7
DIOS CASTIGA A SU PUEBLO 16

Capítulo 8
EN ESPERA DEL LIBERTADOR 18

Capítulo 9
JESÚS, EL SALVADOR DEL MUNDO 20

Capítulo 10
VIDA PÚBLICA DE JESÚS 22

Capítulo 11
LA IGLESIA 24

Capítulo 12
MUERTE Y RESURRECCIÓN DE JESÚS 26

Capítulo 13
LA IGLESIA EN MARCHA 28

Capítulo 14
EL REGRESO DE CRISTO 30

*Se terminó de imprimir
el 16 de febrero de 2012,
Fiesta de San Elías
— 50,000 ejemplares —*